Inhalt

Argentinienkrise

Kernthesen

Beitrag

Fallbeispiele

Weiterführende Literatur

Impressum

Argentinienkrise

M.Sydow

Kernthesen

- Die Währungskrise in Argentinien ist noch nicht gebannt - eine grundlegende Änderung der währungspolitischen Strategie ist erforderlich.
- Die Erhebung von Exportsteuern durch Argentinien ist umstritten. (4), (5)
- Die möglichen Hilfen des Internationalen Währungsfonds können nur begrenzt Unterstützung liefern. (1), (3)

Beitrag

Argentiniens Währungskrise hat in der letzten Zeit zu einer hitzigen Diskussion über das Für und Wider der Kopplung des argentinischen Peso an den US-Dollar

(Konvertibilität) geführt. Diese Wechselkursbindung war als Ausweg für die Hyperinflation in Argentinien Anfang der 90er Jahre gedacht und wurde gleichzeitig als Vorbild für andere Länder vom IWF(Internationaler Währungsfonds) hochgehalten. Schlussendlich lässt sich sagen, dass diese Bindung währungspolitisch nicht sinnvoll war.

Von Seiten des IWF und der Weltbank wird versucht, Argentinien mit Hilfe von Reformprogrammen aus der fast vierjährigen Rezession zu führen. Dies gestaltet sich allerdings schwierig, da die Regierung unter Präsident Eduardo Duhalde noch immer an die alten Strukturen innerhalb des Staates und an dessen Verwaltungsapparat gebunden ist. Ein neuer 14-Punkte-Reformplan wird skeptisch beurteilt. (2), (16)

Ursachen

Seit der Abwertung der argentinischen Währung stellt sich die Frage nach den Ursachen der Krise. Hauptgründe liegen in der dramatischen Höhe der Staatsausgaben und deren unproduktiven Verwendung. Zudem führte die Aufwertung des US-Dollars Mitte der 90er Jahre zu einer starken Deflationstendenz, verbunden mit steigender Auslandsverschuldung. (6)

Kredite des IWF

Eine erneute Finanzhilfe des IWF für Argentinien ist an einige Voraussetzungen gekoppelt. Eine davon ist die Neuregelung des Finanzausgleichs zwischen Bund und Provinzen. Seit März ist dies durch ein neues Abkommen geregelt. Die Provinzen erhalten anstelle eines monatlichen Fixums einen prozentualen Abschlag der Steuereinkünfte. Außerdem verpflichten sich die Gouverneure der Provinzen, ihr Defizit um 60 Prozent gegenüber dem Fehlbetrag des Vorjahres zu verringern. Nach der zehntägigen Revision des IWF in Argentinien wurde weiterhin gefordert, die Sperrung von Privatkonten aufzuheben sowie die etablierte Ersatzwährung in Form von Gutscheinen zu konfiszieren. Problematisch ist ferner, dass die Hilfe von Seiten des IWF schätzungsweise lediglich die Forderungen gegenüber internationalen Kreditorganisationen decken wird. (1), (3)

Exportsteuern

Exporte wurden abermals mit Steuern belegt, um neu geschaffene Sozialprogramme zu finanzieren.

Landwirtschaftliche Rohprodukte sollen mit 10 Prozent, Rohöl mit 20 Prozent, verarbeitete Erzeugnisse mit 5 Prozent besteuert werden. Die geschätzten Mehreinnahmen der Regierung durch die Sondersteuer belaufen sich auf 1,4 Milliarden Dollar pro Jahr. Diese neue Maßnahme ist allerdings umstritten, da ein Großteil der Gelder durch Korruption und Unterschlagung im staatlichen Sektor nicht an den eigentlichen Empfänger gelangt. Zudem wird der Effekt der Belebung der Wirtschaft, welcher die Folge der Abwertung des Peso ist, durch eine starke Besteuerung der Exporte wieder stark geschwächt. (4), (5)

Kontroversen von Wirtschaft und Politik

Ein freiwilliges Angebot der Exportindustrie 5 Prozent der erwirtschafteten Gewinne in einen Sozialfonds zu investieren lehnte der Wirtschaftsminister ab. Dieser Vorschlag war allerdings an die Bedingung geknüpft, dass die Mittel nur von der Kirche oder den Vereinten Nationen verwaltet werden dürfen. (5)

Inzwischen hat Argentinien einen neuen Wirtschaftsminister. Roberto Lavagna trat die Nachfolge des zurückgetretenen Jorge Remes Lenicov an, der geplant hatte, alle Sparguthaben zwangsweise in Staatsanleihen umzutauschen. (17)

Immerhin haben sich der Präsident und die meisten Gouverneure der Provinzen auf ein Notprogramm zur Stabilisierung der Wirtschaft geeinigt. Dies steht jedoch zum Teil im Widerspruch zu Forderungen des IWF. (18)

Die Maßnahmen zur Sanierung des Bankwesens von Argentinien sind weiterhin umstritten. Eine von allen Seiten akzeptierte Lösung ist noch nicht in Sicht. (19)

Fallbeispiele

Das Verbot für ausländische Telefongesellschaften von Seiten der argentinischen Regierung, nach der Abwertung des Peso die Preise zu erhöhen, führte bei der spanischen Telefongesellschaft Telfonica zu einem Verlust von 369 Millionen Euro bis zum Jahresende. (12)

Der niederländische Detailhandelskonzern Ahold rechnet mit Sonderaufwendungen als Folge der Abwertung des Peso in Höhe von 214 Millionen Euro.

Gleichzeitig wird eine Erhöhung dieses Postens im Laufe des Jahres nicht ausgeschlossen. (9)

Die Krise in Argentinien belastet den Jahresabschluss der Volkswagen AG mit 105 Millionen Euro für Restrukturierungsmaßnahmen. (13)

Der Kurzbesuch von Außenminister Fischer in Argentinien im März diesen Jahres hat den Konflikt zwischen der argentinischen Regierung und der Siemens AG bzgl. eines im Mai 2001 von Argentinien einseitig gekündigten Vertrages nicht beseitigen können. 1999 hatte Argentinien mit der Siemens AG die Lieferung eines Systems zur Erstellung von Personalausweisen und der Kontrolle des Grenzverkehrs vereinbart. Die Siemens AG macht nun Forderungen in Höhe von 300 Millionen Euro geltend. (7)

Der britisch-asiatische Finanzkonzern HSBC Group hat aufgrund der Abwertung des Peso und der Übernahme der Banco Roberts einen Verlust von 520 Millionen Dollar gemacht. Der Konzern denkt daher über eine Aufgabe der Präsenz in Argentinien nach. (8)

Ein Einbruch des Betriebsgewinns in Argentinien um 33 Prozent belastet den spanischen Erdöl- und Petrochemie-Konzerns Repsol YPF. Insbesondere deswegen, weil seit dem Kauf des argentinischen YPF-Konzerns circa die Hälfte des Gesamtbetriebsgewinns dort erzielt werden. (10)

Argentinien gehört zu den führenden Weizenexporteuren. Durch die Währungskrise konnte Argentinien in den Monaten Januar und Februar diesen Jahres keinen Weizen exportieren. Die verzögerten Lieferungen von Januar und Februar drücken verspätet auf die Exportmärkte und beeinflussen damit die Exportnachfrage für deutschen Brotweizen. (14)

Weiterführende Literatur

(1) Argentinien kommt dem IWF entgegen
aus Frankfurter Allgemeine Zeitung, 01.03.2002, Nr. 51, S. 15

(2) Abfuhr für Markt und Recht in Argentinien /Der Staat als Plünderer
aus Neue Zürcher Zeitung, 21.03.2002, S. 21

(3) Argentinien schönt Haushalt für IWF
aus Frankfurter Allgemeine Zeitung, 07.03.2002, Nr. 56, S. 16

(4) Argentinien finanziert Sozialhilfe mit Exportsteuern
aus Frankfurter Allgemeine Zeitung, 06.03.2002, Nr. 55,

S. 14

(5) Argentinien verhängt umstrittene Exportsteuer, Bonner General-Anzeiger, 06.03.2002, S. 21
aus Frankfurter Allgemeine Zeitung, 06.03.2002, Nr. 55, S. 14

(6) Wenn der einfache Bürger zum Spekulanten wird
aus Frankfurter Allgemeine Zeitung, 18.03.2002, Nr. 65, S. 14

(7) Fischer: Argentinien nicht abschreiben
aus Frankfurter Allgemeine Zeitung, 11.03.2002, Nr. 59, S. 6

(8) Argentinien-Krise belastet HSBC mit 1 Milliarde Dollar
aus Frankfurter Allgemeine Zeitung, 05.03.2002, Nr. 54, S. 22

(9) Argentinien-Krise drückt auf Ahold-Ergebnis /Positiver Ausblick für das laufende Jahr
aus Neue Zürcher Zeitung, 08.03.2002, S. 25

(10) Gewinnhalbierung im Konzern von Repsol /Auswirkungen der Krise in Argentinien
aus Neue Zürcher Zeitung, 02.03.2002, S. 27

(11) Weltbank-Hilfe für Argentinien
aus Neue Zürcher Zeitung, 09.03.2002, S. 22

(12) Telefónica-Abschluß von Argentinien-Krise gezeichnet

aus Frankfurter Allgemeine Zeitung, 01.03.2002, Nr. 51, S. 16

(13) Pischetsrieder will Ertragskraft von VW trotz schwieriger Autokonjunktur halten
aus Frankfurter Allgemeine Zeitung, 13.03.2002, Nr. 61, S. 23

(14) Argentinischer Weizen bestimmt zurzeit den Preis
aus Ernährungsdienst 18 vom 06.03.2002 Seite 001

(15) Uruguay im Sog der Argentinien-Krise
aus Frankfurter Allgemeine Zeitung, 07.05.2002, Nr. 105, S. 30

(16) Nur kurze Atempause für Argentinien
aus Frankfurter Allgemeine Zeitung, 02.05.2002, Nr. 101, S. 16

(17) Neuer Wirtschaftsminister für Argentinien
aus Frankfurter Allgemeine Zeitung, 27.04.2002, Nr. 98, S. 16

(18) Argentinien beschließt Notprogramm
aus Frankfurter Allgemeine Zeitung, 26.04.2002, Nr. 97, S. 17

(19) Bankenreform in Argentinien stockt
aus Frankfurter Allgemeine Zeitung, 14.05.2002, Nr. 110, S. 17

Impressum

Argentinienkrise

Bibliografische Information der deutschen Nationalbibliothek

Die Deutsche Nationalbibliothek verzeichnet diese Publikation in der deutschen Nationalbibliografie; detaillierte bibliografische Daten sind im Internet über http://dnb.d-nb.de abrufbar.

ISBN: 978-3-7379-1576-2

© 2015 GBI-Genios Deutsche Wirtschaftsdatenbank GmbH, Freischützstraße 96, 81927 München, www.genios.de

Alle Rechte vorbehalten. Dieses Werk ist einschließlich aller seiner Teile – z.B. Texte, Tabellen und Grafiken - urheberrechtlich geschützt. Jede Verwertung außerhalb der Grenzen des Urheberrechtsgesetzes bedarf der vorherigen Zustimmung des Verlags. Dies gilt insbesondere auch für auszugsweise Nachdrucke, fotomechanische Vervielfältigungen (Fotokopie/Mikroskopie), Übersetzungen, Auswertungen durch Datenbanken oder ähnliche Einrichtungen und die Einspeicherung und Verarbeitung in elektronischen Systemen.